Amelia Earhart

Un vuelo hacia la aventura

Tamara Hollingsworth

Asesor

Glenn Manns, M.A.
Coordinador del programa de enseñanza de Historia de los Estados Unidos en la Cooperativa Educativa de Ohio Valley

Créditos

Dona Herweck Rice, *Gerente de redacción*; Lee Aucoin, *Directora creativa*; Conni Medina, M.A.Ed., *Directora editorial*; Katie Das, *Editora asociada*; Neri Garcia, *Diseñador principal*; Stephanie Reid, *Investigadora fotográfica*; Rachelle Cracchiolo, M.S.Ed., *Editora comercial*

Créditos fotográficos

portada Biblioteca del Congreso de los Estados Unidos, LC-USZ62-45002; p.1 Biblioteca del Congreso de los Estados Unidos, LC-USZ62-45002; p.4-5 The George Palmer Putnam Collection of Amelia Earhart Papers, Purdue University Libraries; p.6 normalmomfive/Flickr; p.7 (superior) Tim Bradley, (inferior) The George Palmer Putnam Collection of Amelia Earhart Papers, Purdue University Libraries; p.8 NASA; p.9 Underwood & Underwood/Corbis; p.10 Martijn Smeets/Shutterstock; p.11 The George Palmer Putnam Collection of Amelia Earhart Papers, Purdue University Libraries; p.12 The George Palmer Putnam Collection of Amelia Earhart Papers, Purdue University Libraries; p.13 EcoPrint/Shutterstock; p.14 Biblioteca del Congreso de los Estados Unidos, LC-USZ62-49953; p.15 Getty Images; p.16–17 The George Palmer Putnam Collection of Amelia Earhart Papers, Purdue University Libraries; p.18–19 The George Palmer Putnam Collection of Amelia Earhart Papers, Purdue University Libraries; p.20 Popperfoto/Getty Images; p.21 Biblioteca del Congreso de los Estados Unidos, LC-USZ62-32457; p.22–23 The George Palmer Putnam Collection of Amelia Earhart Papers, Purdue University Libraries; p.24 The George Palmer Putnam Collection of Amelia Earhart Papers, Purdue University Libraries; p.25 Tim Bradley; p.26 Biblioteca del Congreso de los Estados Unidos, LC-USZ62-41713; p.27 The George Palmer Putnam Collection of Amelia Earhart Papers, Purdue University Libraries; p.28–29 The George Palmer Putnam Collection of Amelia Earhart Papers, Purdue University Libraries; p.32 Stacy Allison

Teacher Created Materials

5301 Oceanus Drive
Huntington Beach, CA 92649-1030
http://www.tcmpub.com
ISBN 978-1-4333-2576-2
©2011 Teacher Created Materials, Inc.

Tabla de contenido

Conoce a Amelia

Amelia Earhart fue una mujer **valiente**. Le encantaba volar. En su época, muchas personas creían que las mujeres no eran lo suficientemente inteligentes para volar. A Amelia no le importaba lo que pensaban los demás. Hacía lo que le encantaba.

El avión de Amelia aterriza sobre el agua.

Dato curioso

Amelia fue la primera mujer en volar sola a lugares distantes.

Ser ella misma

Amelia nació en Kansas el 24 de julio de 1897. Le encantaba jugar al aire libre y ensuciarse. En esa época, las niñas pequeñas usaban vestidos. Pero la madre de Amelia le permitía usar **bombachos** cuando jugaba afuera.

La casa de Amelia cuando era niña

El bombacho era un tipo de pantalón holgado que las mujeres usaban debajo de las faldas y los vestidos.

Amelia y su hermana menor, Muriel

Amelia vio su primer avión cuando tenía 10 años. No le gustó. Le pareció ruidoso y feo. Le interesaba más la ciencia. En la escuela, le gustaban más las clases de ciencias.

Un avión antiguo en una exhibición aérea de 1908

Dato curioso

Amelia fue a seis escuelas secundarias diferentes.

Vuela alto

Un día, Amelia y una amiga vieron exhibición de **proezas** aéreas. Los aviones hacían acrobacias en el cielo. Amelia vio un avión descender en picada y volar a toda velocidad cerca de ella. Dijo que oyó que el avión la llamaba. Al poco tiempo, comenzó a tomar clases de vuelo.

Una mujer parada sobre un avión en una exhibición de proezas aéreas

La mayoría de las personas no creía que las mujeres pudieran pilotar aviones. Amelia quiso aprender a volar cuando era niña. Cuando creció, ella enseñó a la gente a volar.

Amelia frente a un avión

Algunas personas decían que Amelia estaba loca por intentar volar. Pero a ella le encantaban sus clases de vuelo. Comenzó a ahorrar su dinero. Ella tenía la vista puesta en un pequeño avión amarillo. Le tomó seis meses de ahorro. Amelia compró el avión amarillo y lo llamó *Canary*.

Canary, el avión amarillo de Amelia

Amelia usó *Canary* para establecer su primer récord. ¡Voló a 14,000 pies de altura!

El avión de Amelia era amarillo como un canario.

Mujer récord

Se corrió la voz sobre el amor de Amelia por volar. Un día, un hombre le preguntó si quería ser la primera mujer en sobrevolar el océano Atlántico. ¡Por supuesto que sí! Amelia estaba entusiasmada por participar en ese vuelo. En 1928, se convirtió en la primera mujer en sobrevolar el océano Atlántico **como pasajera.**

Friendship, el avión en el que Amelia sobrevoló el océano Atlántico

Dato curioso

Amelia escribió un libro llamado *20 Hours, 40 minutes: Our Flight in the Friendship*. El libro contaba la historia de su viaje sobre el océano Atlántico como pasajera.

Amelia frente a su avión, *Friendship*

Dato curioso

Amelia se hizo famosa. Las mujeres querían ser como ella. Amelia diseñó una línea de ropa para mujeres.

Amelia con uno de los vestidos diseñados por ella misma.

Un hombre llamado George Putnam había ayudado a planear el vuelo de Amelia sobre el Atlántico. Poco tiempo después, George y Amelia se enamoraron. Pero Amelia no quería casarse. Creía que eso significaba que tendría que dejar de volar. George le dijo que podría seguir haciendo lo que tanto amaba. La pareja se casó el 7 de febrero de 1931.

Dato curioso

Muchas mujeres adoptan el apellido de su esposo. ¡Pero Amelia no lo hizo! Ella mantuvo su propio apellido.

Vuelo en solitario

Amelia y George planearon un vuelo **en solitario** para Amelia. Ella sobrevolaría sola el océano Atlántico. Ninguna mujer había volado tan lejos antes. Muchas personas decían que una mujer no lograría hacer ese viaje. Pero Amelia estaba convencida de que podría hacerlo.

Amelia y George miran el globo terráqueo y planean el vuelo de ella alrededor del mundo.

Amelia posa apoyada contra su avión.

En mayo de 1932, Amelia inició su vuelo en solitario. Se dirigía a París, pero soplaban vientos muy fuertes que hacían difícil volar. Amelia debió aterrizar antes de lo que había planeado. Descendió en una finca en Irlanda. ¡Había cruzado el océano Atlántico sola!

Amelia comparte su ruta sobre el océano Atlántico con un noticiero.

Dato curioso

El presidente Herbert Hoover le dio a Amelia una medalla especial por su vuelo.

El último vuelo

Amelia quería ser la primera mujer en volar alrededor del mundo. En 1937, Amelia y su amigo Fred Noonan comenzaron el viaje. Casi hicieron el camino alrededor del mundo. Tuvieron que descender en una isla para **repostar** el avión.

Amelia, Fred y sus amigos frente al avión de ella

El recorrido total de Amelia y Fred era de 29,000 millas. Sólo les faltaban 7,000 millas para completarlo.

Amelia se sienta debajo de un mapa que muestra la ruta por la que daría la vuelta al mundo.

Ninguna mujer había intentado antes volar tan lejos como Amelia. Su valentía inspiró a muchas personas.

Fred y Amelia

Fred y Amelia volvieron a despegar.
Se dirigían a una pequeña isla llamada
Isla Howland. El tiempo era malo.
Soplaban fuertes vientos. El avión
nunca llegó a la isla. Buscaron a Fred
y Amelia durante años, pero nunca los
encontraron.

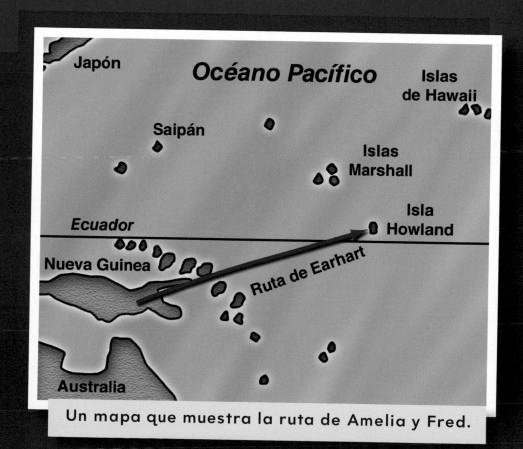

Un mapa que muestra la ruta de Amelia y Fred.

El ejemplo de Amelia

Amelia creía en sí misma. Sabía que era fuerte, inteligente y valiente. No escuchaba a las personas que le decían que no podía hacer algo. Amelia demostró que las mujeres podían hacer las mismas cosas que los hombres. Ésa es la razón por la que sigue siendo admirada.

Dato curioso

Amelia era diferente a muchas de las mujeres de su época. Ella hizo su propio camino.

Amelia en la cabina de su avión

Línea del

1897

Amelia Earhart nace en Kansas.

1921

Amelia compra su avión *Canary*.

1931

Amelia y George Putnam se casan.

tiempo

1932
Amelia sobrevuela el océano Atlántico sola.

1937
Amelia intenta dar la vuelta al mundo volando.

Glosario

bombachos—pantalones sueltos que se llevaban debajo de los vestidos y las faldas

en solitario—hecho sin compañía y sin la ayuda de nadie

pasajero(a)—persona que viaja en automóvil, autobús o avión, pero no es quien conduce

proeza—demostración audaz y peligrosa

repostar—reponer provisiones, como combustible

valiente—sin miedo

Índice

Estadounidenses de hoy

Stacy Allison fue la primera mujer estadounidense en subir a la cima del monte Everest. La altitud y el clima lo hicieron muy difícil de hacer. El monte Everest es la montaña más alta del mundo. La primera vez que Stacy lo intentó, no lo logró. Pero volvió a probar ¡y lo consiguió!